PIANO

5

de Nancy y Randall Faber

EL MÉTODO BÁSICO PARA PIANO

Este libro pertenece a: _____

Traducido y editado por Isabel Otero Bowen
y Ana Cristina González Correa

Agradecimiento a Mintcho Badev y Mauricio Ramírez
Coordinador de producción: Jon Ophoff
Portada e ilustraciones: Terpstra Design, San Francisco
Grabado y tipografía: Dovetree Productions, Inc.

ISBN 978-1-61677-690-9

ÍNDICE

SECRETOS TÉCNICOS, NIVEL 5

Los cuatro "secretos técnicos" del Nivel 5 se deben aprender gradualmente. El *Libro de lecciones y teoría* de *Piano Adventures*® menciona los "secretos" uno a la vez. Las correlaciones se muestran en la parte inferior de la página. **El profesor debe demostrar cada secreto técnico al introducirlo.**

1. **El primer secreto es la** MANO CERRADA PARA LAS ESCALAS.

Ejercicio: Dedos pirotécnicos

- Con la palma derecha hacia arriba, junta las puntas de los dedos para formar una "taza", como está indicado en la foto. Luego voltea la mano y asegúrate de tener los nudillos altos.

- Mientras tocas, mantén alto el nudillo del dedo 3. Toca con el pulgar *liviano*, con el lado de la uña.

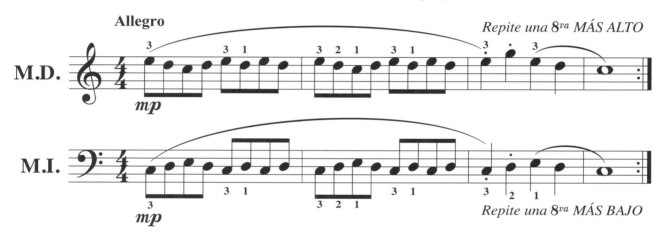

2. **El segundo secreto es** REDONDEAR LAS LIGADURAS.
Ejercicio: El suspiro

En general debemos "redondear" las ligaduras, tocando la última nota suave.

- Para "redondear" un grupo de notas ligadas, eleva la muñeca y **llévala hacia adelante** (hacia el piano) al terminar la ligadura. Escucha con atención: debe sonar como un "suspiro" suave.

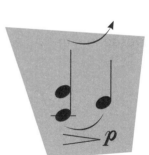

Lecciones y teoría, página 4 (Escalas de DO, SOL y FA mayor), página 5 (Pequeña marcha)

3. El tercer secreto es DESTACAR LA MELODÍA.
Ejercicio: El cantante

Para **destacar la melodía** debemos "cantarla" por encima de la armonía.

- Usa el peso del brazo para destacar la melodía de la M.D. Usa *menos* peso en la M.I. para un sonido más suave.

4. El cuarto secreto es EL RESORTE.
Ejercicio: Dedos de resorte

Desde la superficie de las teclas, impúlsate y salta, con un empujón del antebrazo y con los dedos activos. La muñeca debe subir ágilmente.

El "resorte" debe enviar la mano al siguiente acorde (*preparación*).

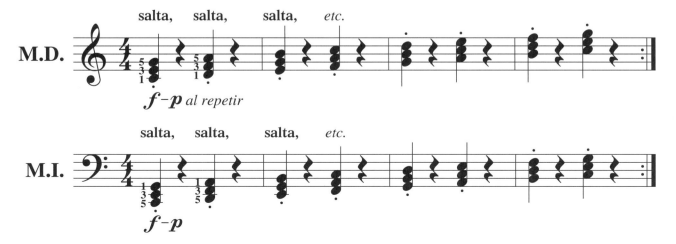

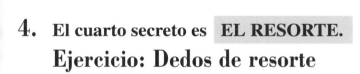

 Secreto técnico:
Mano cerrada para las escalas

Calentamiento: *Dedos pirotécnicos* (página 4).

- Mantén la mano cerca de las teclas.

- Fíjate cómo los patrones de digitación mantienen la mano cerrada y redonda, como en forma de "taza".

- Memoriza ambos ejercicios.

Gimnasia con escalas

Rápido y estable (♩ = 120-152)

Rápido y estable (♩ = 120-152)

Lecciones y teoría, página 4 (Escalas de DO, SOL y FA mayor con las manos juntas)

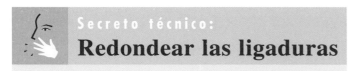

Secreto técnico:
Redondear las ligaduras

Calentamiento: *El suspiro* (página 4).

Escalas redondas
1. "Cucharadas" de cinco notas

- Hunde ligeramente las muñecas al empezar cada ligadura.

- Imagínate que estás sacando cucharadas de helado.
  Lleva las muñecas hacia adelante para redondear la ligadura.
  Escucha con atención y toca suavemente la última nota de cada ligadura.

- Sigue SUBIENDO por las teclas blancas, empezando el patrón en **SOL**, **LA**, **SI** y **DO**.

- Primero practica con manos separadas.

2. "Cucharadas" de ocho notas

Allegro (♩ = 120-144)

- Sigue SUBIENDO por las teclas blancas, empezando el patrón en **MI**, **FA**, **SOL**, **LA**, **SI** y **DO**.

Secreto técnico:
Destacar la melodía

Calentamiento: *El cantante* (página 5).

- Usa los matices para darle forma a la melodía de la M.D.

- Toca el bajo Alberti suavemente, cerca de las teclas.

Hace mucho, mucho tiempo

Tonalidad de ____ mayor

Thomas Haynes Bayly
(1797–1839, Inglaterra)
adaptación

Suave y fluido (♩ = 72-92)

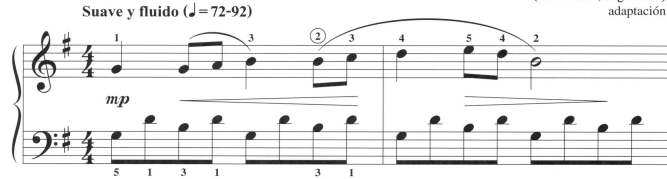

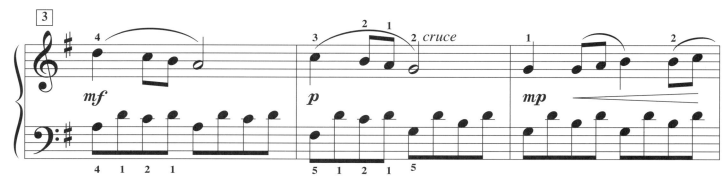

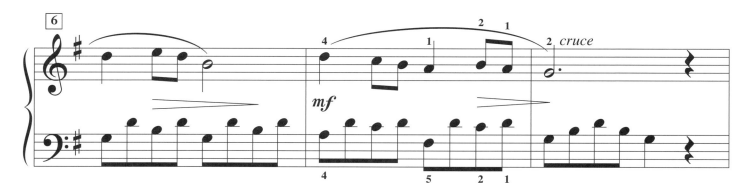

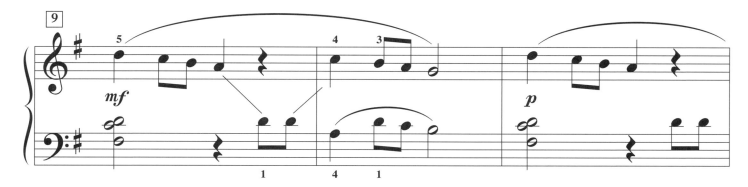

Lecciones y teoría, páginas 6–7 (Espejo de agua)

Secreto técnico:
El resorte

Calentamiento: *Dedos de resorte* (página 5).

Procesión en SOL mayor

Michael Praetorius
(1571–1621, Alemania)
versión original

- Tonalidad de ____ mayor
- Apréndete ambas partes: *primo* y *secondo*. Toca el dueto con tu profesor, o con algún amigo.

Marcha Alexander

Secondo

Ludwig van Beethoven
(1770–1827, Alemania)
adaptación

Enérgico (♩ = 132-152)

📖 Lecciones y teoría, páginas 10–11 (La mañana)

Marcha Alexander

Primo

Ludwig van Beethoven
(1770–1827, Alemania)
adaptación

UNIDAD 2

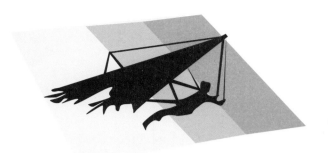

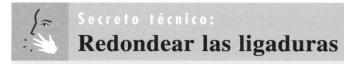
Secreto técnico:
Redondear las ligaduras

Calentamiento: *El suspiro* en **SOL mayor** (página 4).

Vuelo con séptimas

- Empieza en una posición redonda para el arpegio de SOL.

- Fíjate cómo cada mano debe abrirse para tocar la **6.ª** y la **7.ª**, y luego cerrarse de nuevo para el acorde de SOL.

Lecciones y teoría, página 17 (*Blues* con séptimas)

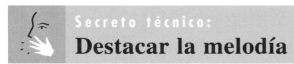

Secreto técnico:
Destacar la melodía

Calentamiento: *El cantante* en **FA mayor** (página 5).

El "resorte" suave

- Destaca las notas de la melodía marcadas con *tenuto* (♩).

- Para el acompañamiento, usa un movimiento de muñeca muy leve: un "resorte" suave. Los dedos deben mantener el contacto con las teclas.

- Los "coristas" cantan las voces del acompañamiento.

Los coristas

Tonalidad de _____ mayor

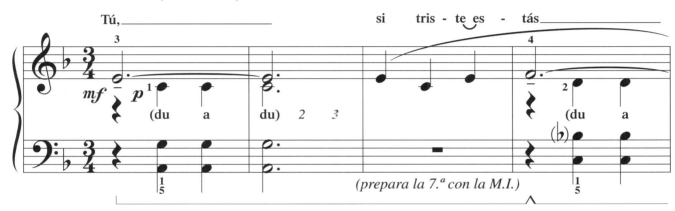

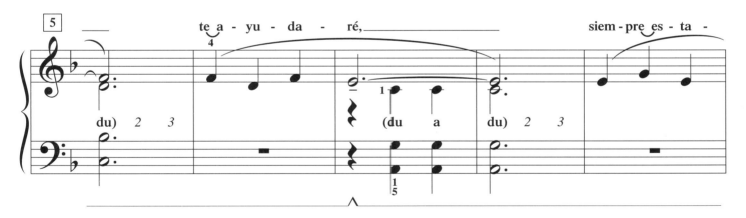

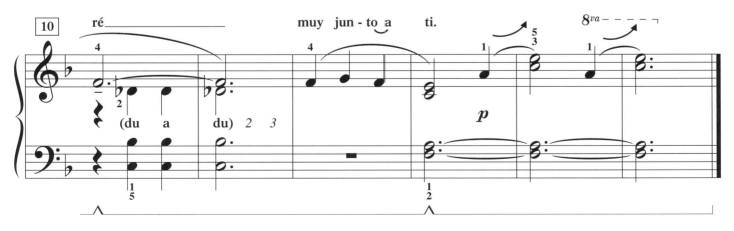

En italiano, *"vivace"* significa "rápido, vivo".

- Toca el *staccato* con las manos cerca de las teclas.

- Practica en los siguientes tempos antes de tocar en tiempo binario:

  Tempo lento ♩ = 88

  Tempo moderado ♩ = 108

  Vivace ♩ = 144-160

Vivace

LA menor

Ferdinando Carulli
(1770–1841, Italia)
adaptación

(prepara la 7.ª con la M.I.)

Lecciones y teoría, páginas 20–21 (El jinete cosaco)

DESCUBRIMIENTO

La forma de esta pieza es **A B A** (forma ternaria). Marca cada una de las tres secciones en la partitura.

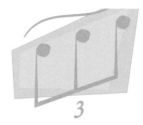

Secreto técnico:
Mano cerrada para las escalas

Calentamiento: *Dedos pirotécnicos* (página 4).

- Toca con el *pulgar liviano*, con el lado de la uña.

- *Escucha* con atención cómo suben y bajan las "ondas" de tresillos parejos.

- Usa los tempos de metrónomo indicados abajo para practicar cada vez más rápido. ¿Puedes tocar de memoria?

Ondas de tresillos
(para la M.D.)

Allegro (♩ = 100-132)

Tempos para practicar: ♩ = 120 ___   ♩ = 132 ___   Escoge tú: ♩ = ___

Es posible que tu mano izquierda sea menos ágil que la derecha.

- Practica primero en tempo lento. Luego aumenta gradualmente la velocidad.

Ondas de tresillos
(para la M.I.)

Allegro (♩ = 100-132)

Tempos para practicar: ♩ = 120 ___   ♩ = 132 ___   Escoge tú: ♩ = ___

    Lecciones y teoría, páginas 24–25 (Sonatina en DO)

- Deja caer el peso del brazo en los acentos.

- Levanta el pedal en cada **cambio de acorde** (cada 2 compases).

Surfeando

Estudio de arpegios

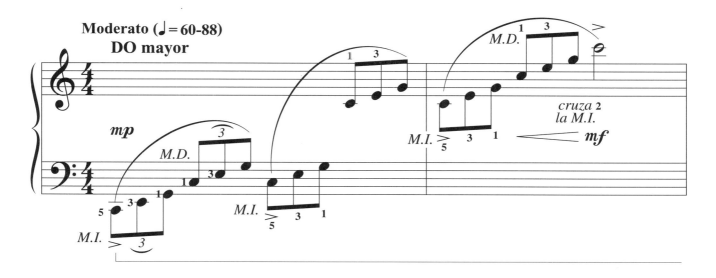

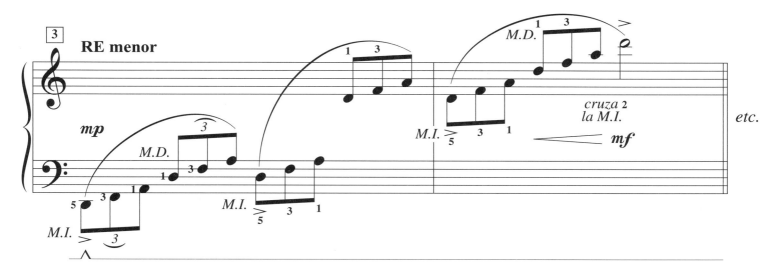

- Sigue SUBIENDO por las teclas blancas, tocando el patrón de arpegios en **MI menor**, **FA mayor** y **SOL mayor**. Luego salta y repite el patrón en **DO mayor** para terminar.

MI menor

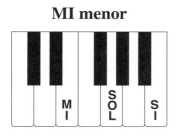

FA mayor

SOL mayor

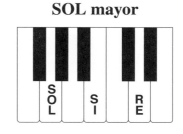

Lecciones y teoría, páginas 24–25 (Sonatina en DO)

Una **progresión armónica** es un patrón de acordes
determinado. Esta pieza está basada en una progresión
armónica muy común, llamada "*blues* de 12 compases".

I – I – I – I   IV – IV – I – I   V – IV – I – I

- Fíjate en los números romanos debajo de cada compás.

Blues agridulce

Tonalidad de ____ mayor

R. Faber

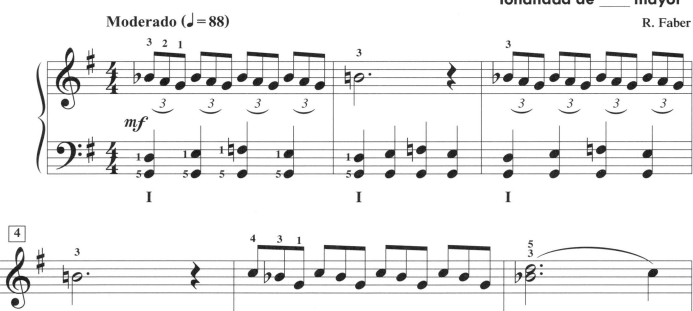

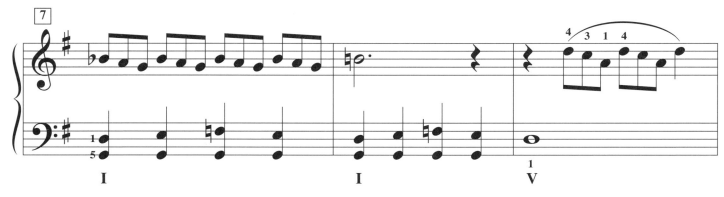

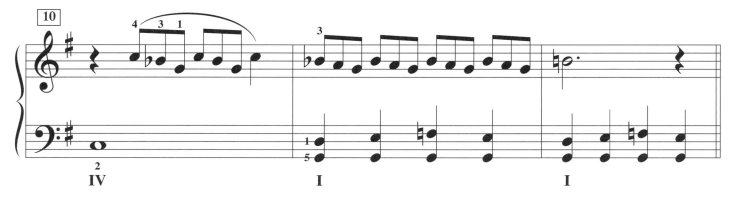

📖 Lecciones y teoría, páginas 26–28 (Malagueña)

¡La progresión armónica
de 12 compases se repite!

¿Qué grados de la escala de SOL mayor son alterados para crear la sonoridad del *blues*?

Secreto técnico:
Mano cerrada para las escalas

Calentamiento: *Dedos pirotécnicos* (página 4).

- Practica solo la M.D. y asegúrate de tocar con la digitación correcta.

- Luego toca *andante*, con ambas manos, haciendo los matices.

Esquiando

Estudio de escalas en LA menor

- Primero identifica los acordes de **i**, **iv** y **V7**.

- Luego, ¡diviértete tocando los tresillos cada vez más rápido!

El ventarrón

Acordes básicos en LA menor

Alegre (♩ = 108-120)

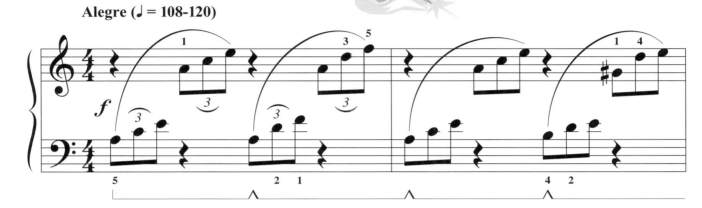

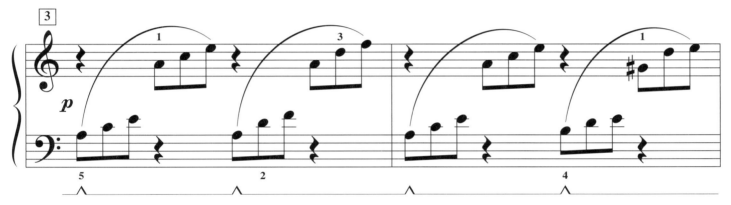

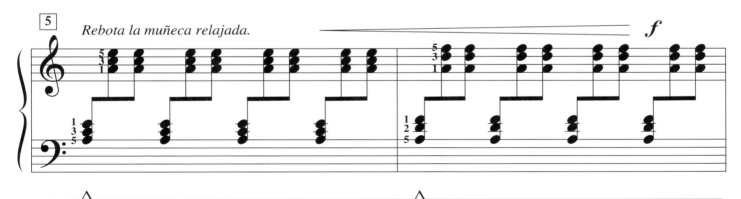

Rebota la muñeca relajada.

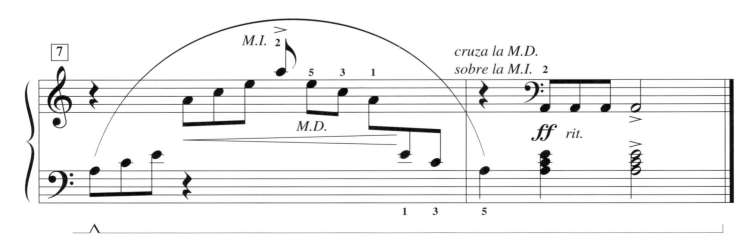

M.I.

cruza la M.D.
sobre la M.I.

M.D.

ff rit.

Esta pieza describe las aventuras de Peer
Gynt en el reino de los trols. La música
comienza en el registro grave, "bajo tierra".
Imagínate que los trols se vienen acercando
cada vez más rápido. Afortunadamente, ¡el
joven Peer Gynt logra escapar!

En la sala del rey de las montañas

De la *suite Peer Gynt*

Edvard Grieg
(1843–1907, Noruega)
adaptación

Tempo de marcha (♩ = 100-120)

Lecciones y teoría, página 37 (Cifrado para *Greensleeves*)

DESCUBRIMIENTO

Esta pieza está en LA menor. ¿Comienza con la tónica o con la dominante? (encierra en un círculo) ¿En qué parte de la melodía inicial aparecen las notas del **acorde de DO** (la tonalidad **relativa mayor**)?

5 UNIDAD

RE MENOR

Secreto técnico:

Mano cerrada para las escalas

Calentamiento: *Dedos pirotécnicos* en **RE menor** (página 4).

Carrera de escalas

(para la M.D.)

Rápido y estable (♩ = 100-132)

Acompañamiento para el profesor (el alumno toca *1 octava más alto*):

Lecciones y teoría, páginas 42–43 (El campamento de gitanos)

Es posible que tu mano izquierda necesite más práctica para ser veloz.

- Toca despacio para lograr la coordinación de los dedos de la M.I.

- Luego toca un poco más rápido. Usa los matices para darles forma a las escalas y tocarlas con musicalidad.

Carrera de escalas

(para la M.I.)

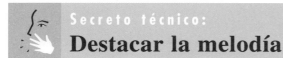
Calentamiento: *El cantante* en **RE menor** (página 5).

Balance entre las manos

Debemos "cantar" la melodía por encima del acompañamiento.

- Destaca la melodía usando el peso del brazo.

- Suaviza el acompañamiento usando el "resorte" con *menos* peso.

El tapete mágico (variaciones)

Acordes básicos en RE menor

TEMA

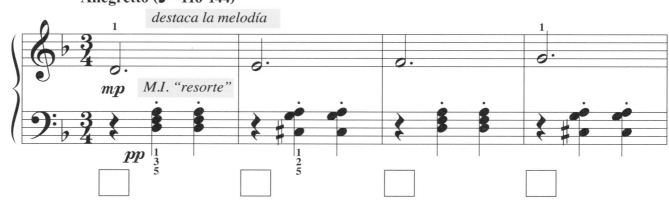

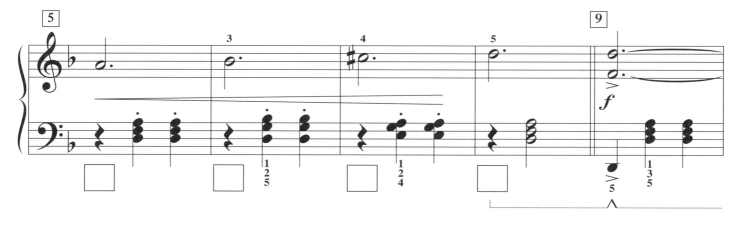

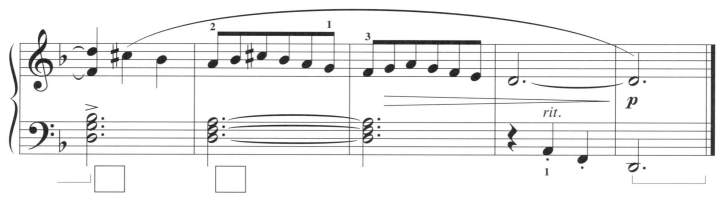

Revisa la armonía: escribe **i, iv** o **V7** en los cuadros de acuerdo a la armonía de cada compás.

Lecciones y teoría, páginas 42–43 (El campamento de gitanos)

- Cuando puedas tocar el tema con facilidad, aprende
las *variaciones* 1 y 2, para practicar los acordes de
i, **iv** y **V7** usando distintos patrones.

VARIACIÓN 1: Patrón de vals para la M.I.

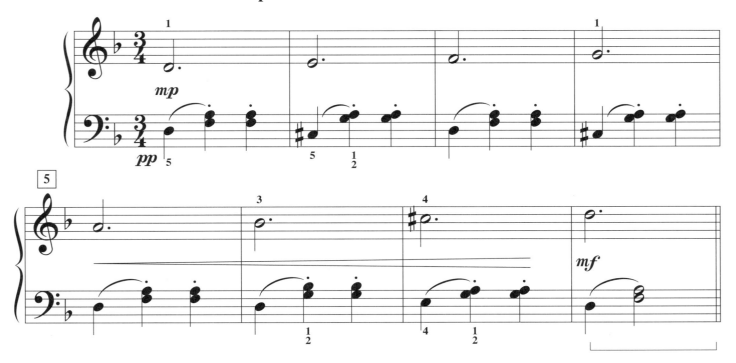

- Completa la **Variación 1** tocando los *compases 9–14* de la página 26.

VARIACIÓN 2: Patrón de acordes quebrados

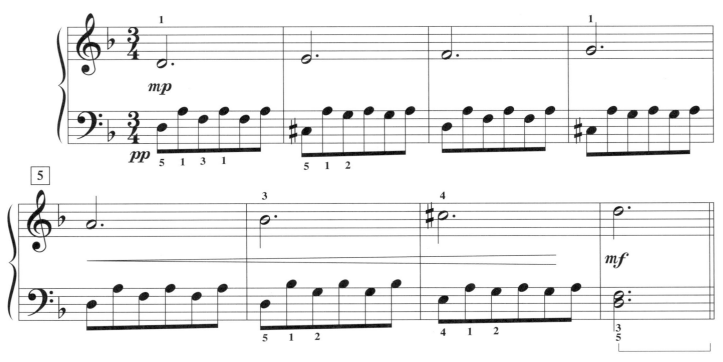

- Completa la **Variación 2** tocando los *compases 9–14* de la página 26.

Secreto técnico:

Redondear las ligaduras

Calentamiento: *El suspiro* en **RE menor** (página 4).

- Las flechas nos invitan a elevar la muñeca con elegancia.

- Aquí el pedal se usa para sostener las últimas notas de las ligaduras mientras se eleva la muñeca.

La gaita del pastor

Tatiana Salutrinskaya
(Rusia, Siglo XX)
versión original

Con delicadeza (♩ = 84-104)

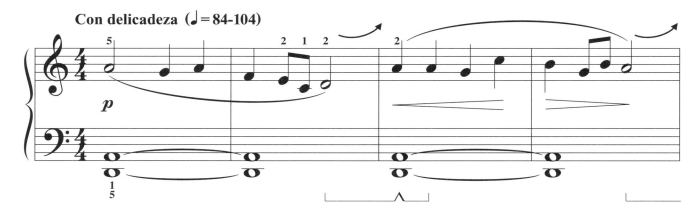

Lecciones y teoría, páginas 44–45 (El *blues* del marinero)

Secreto técnico:
Mano cerrada para las escalas

Calentamiento: *Dedos pirotécnicos* en **RE menor** (página 4).

Minuet en
RE menor

Jean-Baptiste Lully
(1632–1687, Francia)
versión original

- El pedal en la sección **B** enriquece el sonido
  de las notas repetidas en la M.I.

El Gran Muro de la China

En esta pieza se usan las sonoridades de **FA mayor** y **RE menor**.

- Muéstrale a tu profesor dónde ocurren los cambios de armonía en los *compases 1–8*.

N. Faber

Lecciones y teoría, página 46 (Escribe las escalas de RE menor: natural y armónica)

DESCUBRIMIENTO

¿En qué pasaje hay notas que no pertenecen a la escala de **FA mayor**?
Muéstrale a tu profesor.

6 UNIDAD

Secreto técnico:

El resorte

Calentamiento: *Dedos de resorte* (página 5).

El patrón de vals

(para la M.I.)

- Deja caer el peso del brazo en el primer tiempo y eleva *ligeramente* la muñeca en el segundo.

- Deja que la mano rebote suavemente en el tercer tiempo.

- Sigue SUBIENDO por las teclas blancas, comenzando el patrón en **SOL**, **LA**, **SI** y **DO**.

- Deja caer el peso del brazo en los acordes de los primeros tiempos (M.I.).

- Toca los acordes de la M.D. (tiempos 2 y 3) de manera *liviana*, desde la superficie de las teclas.

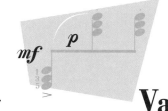

Vals en acordes

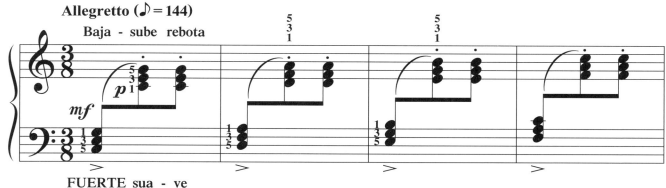

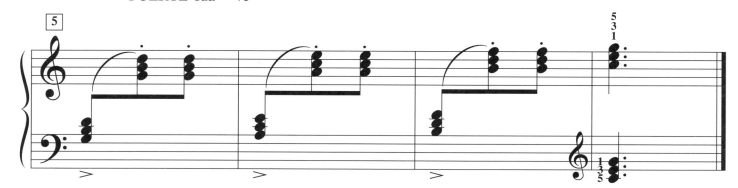

- ¿Puedes tocar estos ejercicios con los ojos cerrados? *Escucha* cómo la música "baila".

32 Lecciones y teoría, página 49 (La mar estaba serena)

Redondear las ligaduras

Calentamiento: *El suspiro* (página 4).

El eco del Gran Cañón

(para la M.I.)

- Levanta la muñeca con elegancia y mantenla relajada al pasar de una octava a otra.

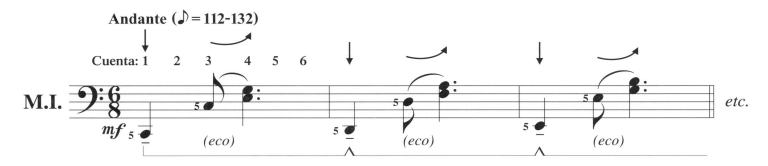

- Sigue SUBIENDO por las teclas blancas, comenzando el patrón en **FA**, **SOL**, **LA**, **SI** y **DO**.

- Para un sonido lleno y profundo en los acordes, usa el movimiento "baja-sube" de la muñeca, "amortiguando" el peso del brazo.

Los acordes del Gran Cañón

- Sigue SUBIENDO por las teclas blancas, comenzando el patrón en **SOL**, **LA**, **SI** y **DO**.

Lecciones y teoría, página 51 (Vienen los Campbell)

Secreto técnico:
Destacar la melodía

Calentamiento: *El cantante* en **DO mayor** (página 5).

En este estudio hay una melodía "escondida", marcada con las indicaciones de ***tenuto***.

- Muéstrale a tu profesor cinco indicaciones de *tenuto*.

- Toca estas notas con más peso. Toca las notas que siguen de manera más ligera.

Aurora boreal

Tonalidad de ____ mayor

Andante espressivo

N. Faber

Lecciones y teoría, páginas 52–53 (Cielito Lindo)

* Toca con el dedo 5 y luego cambia al dedo 1 sin levantar la tecla.

- ¿Cuál de las escalas de LA menor se usa en esta pieza?
  natural o **armónica**

- En los *compases 1-16* se usan dos de los acordes básicos.
  ¿Cuáles son?
  i   iv o **V7**

Enérgico

Tonalidad de LA menor

N. Faber

Lecciones y teoría, páginas 54–55 (Funiculí, funiculá)

Secreto técnico:
Mano cerrada para las escalas

Calentamiento: *Dedos pirotécnicos* en **RE mayor** (página 4).

El monstruo de las escalas
Op. 599, No. 69

- Escucha y trata de tocar las escalas de manera uniforme y estable.

- Aumenta la velocidad poco a poco usando las marcas de metrónomo indicadas al final.

Carl Czerny
(1791–1857, Austria)
versión original*

*ritmo aumentado (valores dobles)

Lecciones y teoría, páginas 60–61 (Allegro en RE Mayor)

_____ ♩ = 56 *Andante*   _____ ♩ = 72 *Moderato*   _____ ♩ = 96 *Allegretto*

Kilimanjaro es la montaña más alta en África.
Esta pieza expresa su magnificencia.

- Usa el peso del brazo para los acordes en *forte*.

- Las flechas te muestran cuándo debes **redondear**
  las ligaduras ("secreto técnico" n.º 2).

La montaña de Kilimanjaro

Tonalidad de ____ mayor

N. Faber

Lecciones y teoría, páginas 62–63 (Tema de Tchaikovsky)

Más movido (♩ = 69-80)

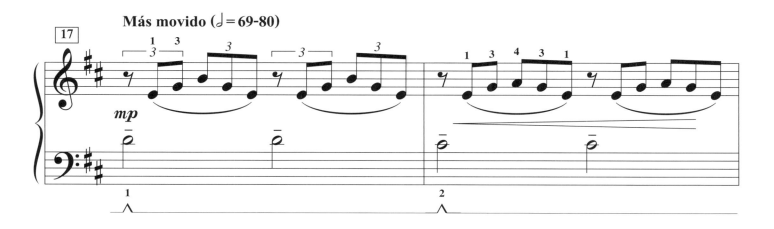

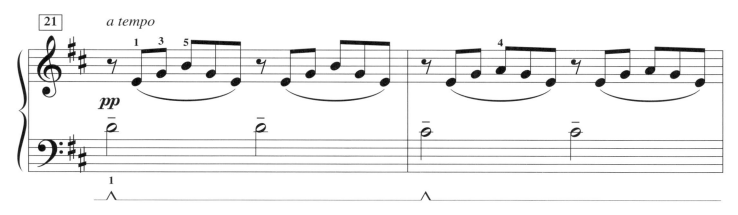

41

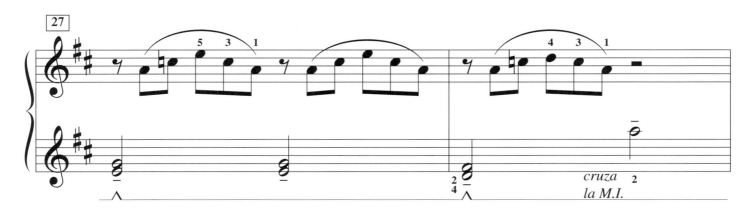

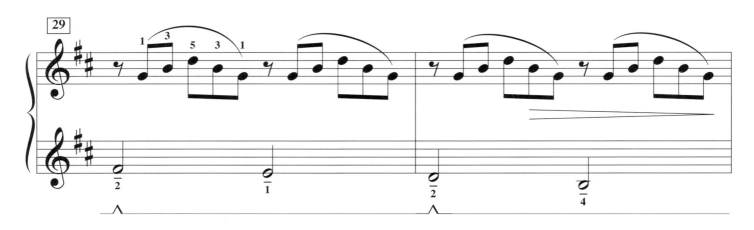

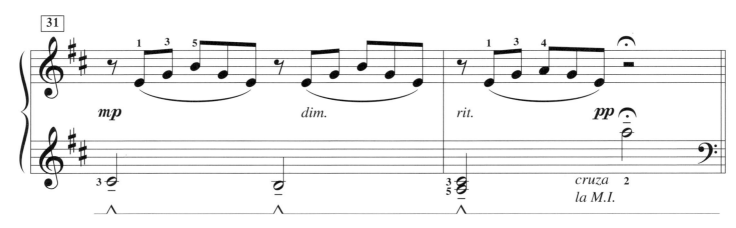

Majestuoso (Tempo I)

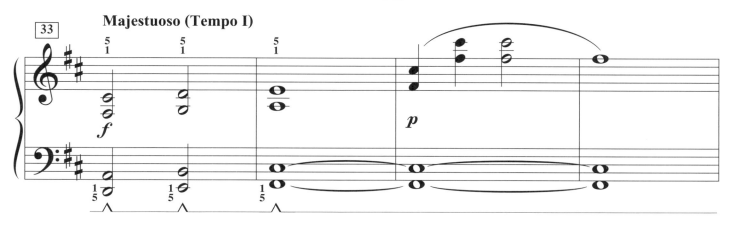

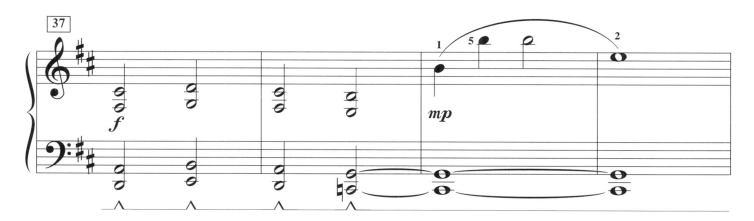

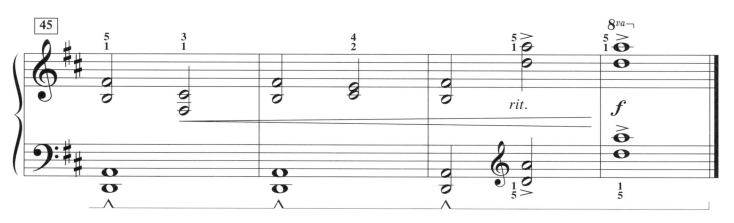

DESCUBRIMIENTO

¿Cuál es el intervalo que más se usa en la sección **A**? _____

¿Cuál es el intervalo que más se usa en la sección **B**? _____

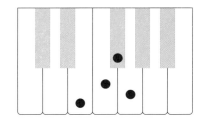

Mano cerrada para las escalas

Calentamiento: *Dedos pirotécnicos* (página 4).

Cromático significa "relativo a todos los colores". En música, la escala cromática se mueve de un **semitono** al siguiente, e incluye todas las 12 notas diferentes que hay en el teclado.

• Apréndete estos ejercicios cromáticos y tócalos de memoria.

Diversión cromática

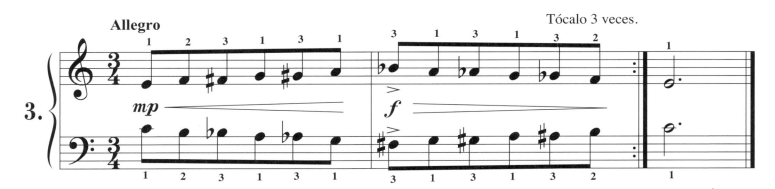

Redondear las ligaduras

Calentamiento: *El suspiro* en **RE menor** (página 4).

• Al **redondear** las ligaduras creamos una sensación de movimiento hacia adelante en cada pasaje de escalas.

La laguna nublada

Tonalidad de ____ menor

Andante, "a dos" (♩ = 72-80)

La neblina es tan espesa que hace difícil ver.

N. Faber

Cuenta: 1   y   2   y

Los árboles toman formas extrañas.

¡Suena un chillido en la laguna!

Surgen sombras tenues, como en un sueño.

La neblina envuelve el mundo en misterio.

- Repaso: para tocar de manera rápida y uniforme toca suavemente, **con la mano cerrada, como formando una "taza"** ("secreto técnico" n.º 1).

- Escucha y trata de tocar negras muy estables con la M.I.

Las aventuras de la mosca

Tonalidad de ____ menor

N. Faber

Lecciones y teoría, páginas 68–70 (El fantasma de las teclas)

DESCUBRIMIENTO

Nombra la **escala** usada en los *compases 13–16*. _____

Los círculos de la muñeca

Remolino de arpegios

Arpegios de una octava

- Usa un movimiento *circular* de la muñeca para tocar los arpegios de una octava. Mira la página 72 del *Libro de lecciones y teoría*.

- Toca lentamente, con las muñecas siempre relajadas.

- Sigue SUBIENDO por las teclas blancas, empezando el patrón en **SOL**, **LA**, **SI** y **DO**.

48   Lecciones y teoría, página 73 (Leyenda)

- Deja caer el peso del brazo en las notas acentuadas de la M.D. Toca las corcheas repetidas ligeras.

- ¿Dónde toca la M.I. un arpegio de DO mayor de una octava? ¿Dónde toca un arpegio de SOL mayor de una octava?

Minué: Fanfarria

William Duncombe
(Inglaterra, siglo XVIII)
versión original

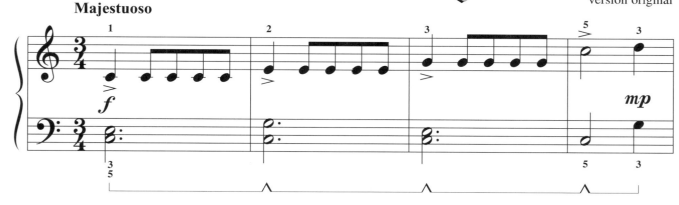

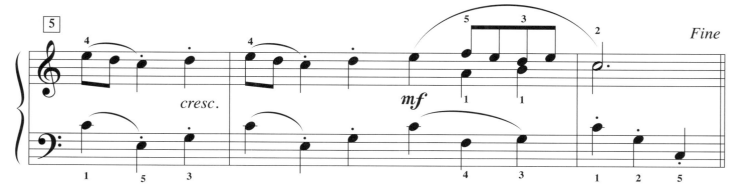

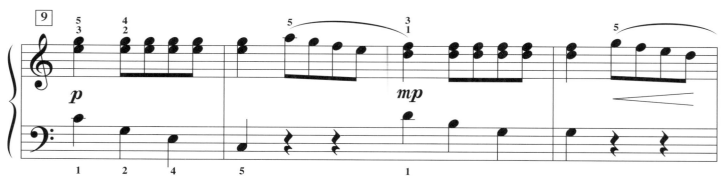

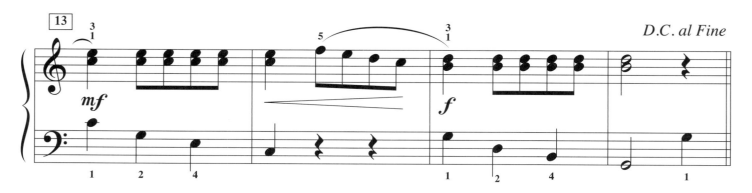

DESCUBRIMIENTO

Transpón los **primeros 4 compases** (hasta el primer tiempo del *compás 4*)
a las siguientes tonalidades: RE mayor   SOL mayor   FA mayor

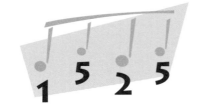

Ejercicio de rotación en primera inversión

- Mece la muñeca de la M.D. hacia los lados, lanzando el pulgar hasta el fondo de la tecla en cada nota acentuada. Este movimiento se llama *rotación*. Mantén los dedos 5 y 2 cerca de las teclas.

Rápido y ligero ($\frac{1}{2}$=80-96)

M.D

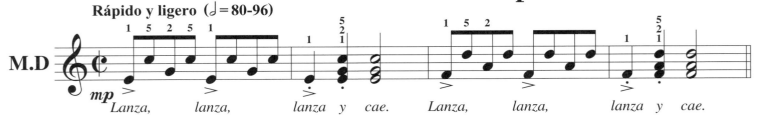

Lanza,   lanza,   lanza y cae.   Lanza,   lanza,   lanza y cae.

- Sigue SUBIENDO por las teclas blancas, empezando el patrón en **SOL, LA, SI** y **DO**.

- Lanza el dedo 5 de tu M.I. hacia cada nota acentuada usando el movimiento de *rotación*. Mantén los dedos 1 y 3 cerca de las teclas.

Rápido y ligero ($\frac{1}{2}$=80-96)

M.I.

- Sigue SUBIENDO por las teclas blancas, empezando el patrón en **SOL, LA, SI** y **DO**.

Posición de la mano para los acordes en inversión
Para tocar las inversiones, abre la mano separando más los *dedos 1 y 2*. Mantén los dedos 2, 3, 4 y 5 juntos.

El amanecer

Estudio de inversiones

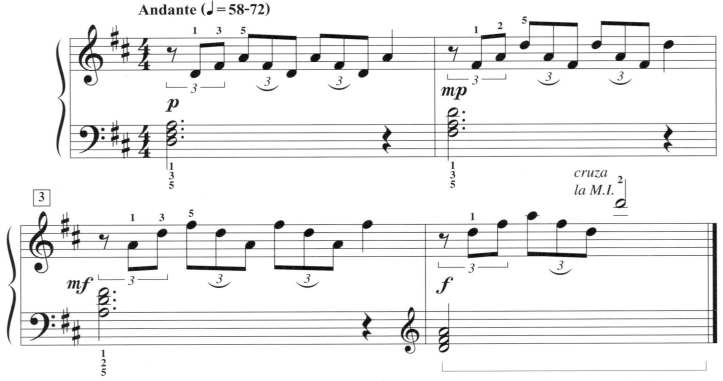

- Transpón a las siguientes tonalidades: **RE menor, DO menor** y **SOL menor**.

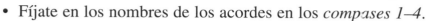

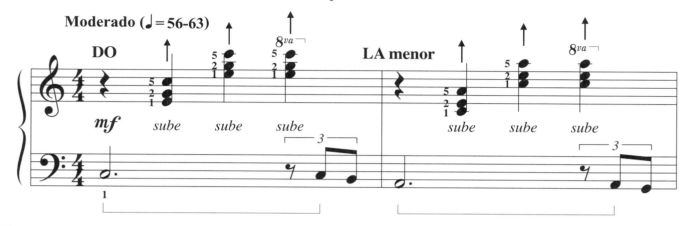

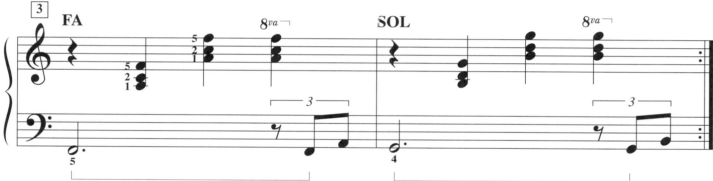

Secreto técnico:
El resorte

Calentamiento: *Dedos de resorte* (página 5).

Serenata

Acordes en 1.ª inversión

- Fíjate en los nombres de los acordes en los *compases 1–4*.

Moderado (♩=56-63)

DO   *sube*   *sube*   *sube*   LA menor   *sube*   *sube*   *sube*

mf

FA   SOL

Rebota la mano suavemente desde la muñeca.

Mantén el molde de la mano con la muñeca relajada.

f   *rit.*   *sfz*

Esta pieza permite practicar un GESTO DE DOS MANOS expresivo.

- Fíjate en las marcas de *tenuto* para los acordes de la M.I. Deja caer la M.I. en cada grupo de notas ligadas. Deja que la M.D. complete el patrón.

- Sigue todas las indicaciones de ⟨ y ⟩ para lograr un sonido muy expresivo.

La leyenda del emperador

Tonalidad de _____ mayor/menor

N. Faber

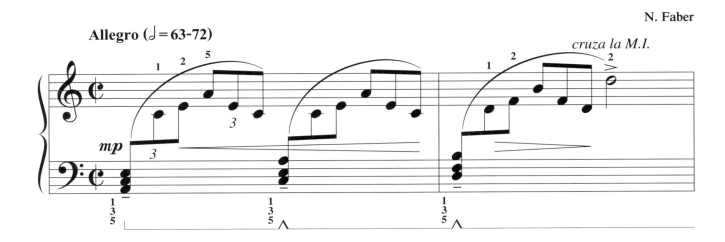

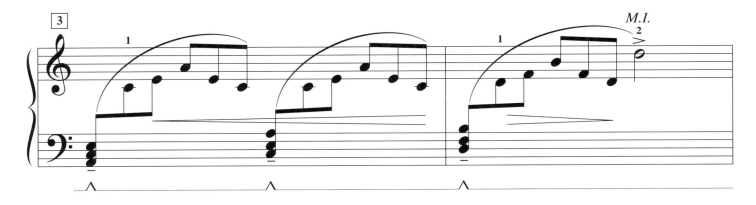

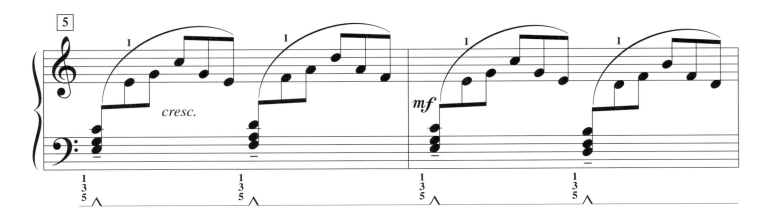

Lecciones y teoría, páginas 84–85 (Ceremonia de paz)

 Secreto técnico:
Mano cerrada para las escalas

Calentamiento: *Dedos pirotécnicos* (página 4).

Rompecabezas

Estudio rítmico con semicorcheas

- Practica estos patrones hasta que los puedas tocar con facilidad.

- Aumenta gradualmente la velocidad usando las marcas de metrónomo indicadas.

Patrón rítmico:

Estable (♩ = 72-92)

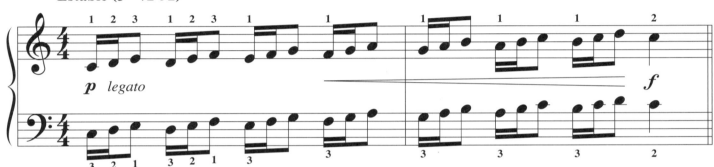

p legato　　　　　　　　　　　　　　　　　　　　　　*f*

Patrón rítmico:

Estable (♩ = 72-92)

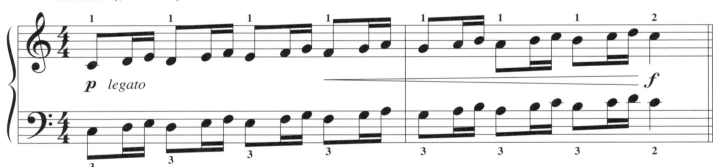

p legato　　　　　　　　　　　　　　　　　　　　　　*f*

Patrón rítmico:

Estable (♩ = 72-92)

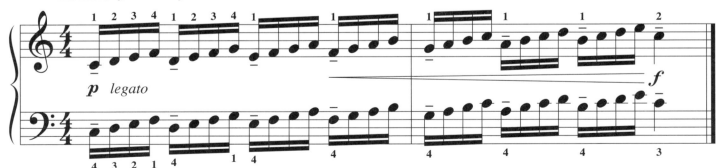

p legato　　　　　　　　　　　　　　　　　　　　　　*f*

_____ ♩ = 72 *Andante*　　_____ ♩ = 80 *Moderato*　　_____ ♩ = 92 *Allegro*

Secreto técnico:
El resorte

Calentamiento: *Dedos de resorte* (página 5).

- Practica la M.D. sola para darle forma a cada escala. Practica la M.I. sola usando un elegante toque de resorte.

- Aumenta gradualmente la velocidad, usando las marcas de metrónomo indicadas. Luego, ¡transpón la pieza a DO mayor!

Caminata en escalas

**Estudio en escalas de semicorcheas
Tonalidad de LA menor**

_____ ♩ = 72 *Andante*   _____ ♩ = 80 *Moderato*   _____ ♩ = 92 *Allegro*

Lecciones y teoría, páginas 90–91 (Rabia por un centavo perdido)   55

Adagio y Allegro

Esta pieza usa dos tempos (velocidades).

- Toca el *Adagio* lentamente y con un sonido grande para contrastar con el *Allegro* rápido y ligero.

J.C. Bach y F.P. Ricci
(1735–1782) y (1732–1817)
versión original

Adagio (muy lento) (♩ = 69-76)

Al Coda

Allegro (♩ = 104-116) Toca con libertad, como en una **cadencia** (una sección muy elaborada, para demostrar las habilidades del intérprete, que a menudo no tiene barras de compás).

mano cerrada para las escalas

D.C. al Coda

cresc. poco a poco

rit.

Coda

cruza la M.D.

rit.

Lecciones y teoría, páginas 90–91 (Rabia por un centavo perdido)

Suite en la costa

Una *suite* es una colección de danzas u otras piezas que generalmente comparten una idea común y se tocan juntas. *Suite en la costa* describe un día en la playa.

El primer movimiento usa **acordes en 1.ª inversión** para la mano derecha.

- Primero toca los acordes *quebrados* en *bloque*. Esto te ayudará a reconocer los patrones de acordes.

- ¡Usa los secretos técnicos que has aprendido!

1. Veleros en el viento

Tonalidad de _____ **mayor/menor**

Rápido y movido (♩ = 116-132)

N. Faber

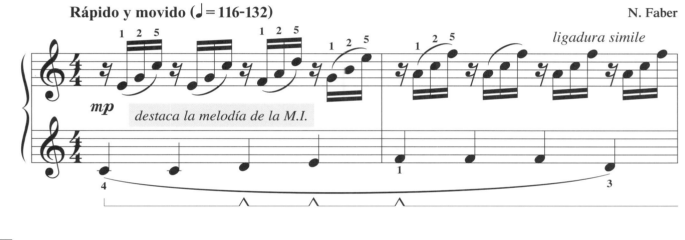

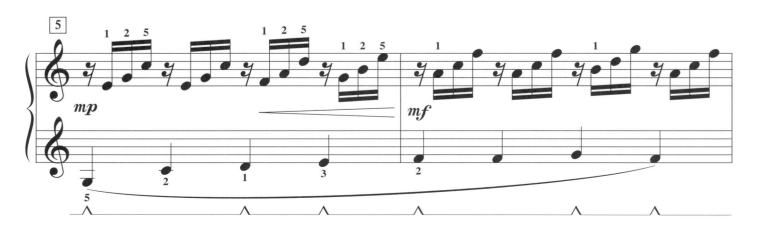

Lecciones y teoría, páginas 92–95 (El Canon de Pachelbel)

redondea
la ligadura

baja

poco rit.

cruce

¿Qué silencio se usa mucho en esta pieza?

trino (*tr*~~~) – se toca alternando rápidamente dos notas vecinas.

• ¿Puedes encontrar el trino en esta pieza?

2. La ensenada misteriosa

Tonalidad de _____ mayor/menor

📖 Lecciones y teoría, páginas 92–95 (El Canon de Pachelbel)

mano en forma de "taza"

El último movimiento utiliza **acordes en 2.ª inversión** para la M.D.

• Para tocar mejor la sucesión de acordes en 2.ª inversión, mantén la mano en una posición relajada, pero firme.

3. Las tablas de surfing

Tonalidad de ____ mayor/menor

*Para los alumnos de manos grandes puede ser divertido tocar octavas en este pasaje.

📖 Lecciones y teoría, páginas 92–95 (El Canon de Pachelbel)

DESCUBRIMIENTO

Nombra la nota **fundamental** de los primeros
cuatro acordes para la M.D. Pista: recuerda mirar
la nota superior de cada intervalo de 4.ª. ¿Cómo es
cada acorde, *mayor* o *menor*?

*Toca rápidamente alternando
las notas FA y SI.

Certificado de mérito

FELICITACIONES A:

_____

(Escribe tu nombre)

Has terminado el

Nivel 5 de Piano Adventures®

y estás listo para el

Nivel 6 de Piano Adventures®

Profesor: _____

Fecha: _____